허리를 굽혔다, 굽혀 준 사람들에게

# 허리를 굽혔다, 굽혀 준 사람들에게

한영옥 시집

청색종이

시인의 말


사람이 굵히지 않고 들어설 정도의 성근 울타리,
들어오셔서 천천히 거닐다 끄덕이며 돌아 나가시는,
그 정도쯤을 바라는 나의 텍스트들이여.
올 풀어 버리지 말고 조바심을 잘 견뎌 주었으면 좋겠다.

**한영옥**

차례

# 허리를 굽혔다, 굽혀 준 사람들에게

한영옥 시집

05 시인의 말

I

13 입장(立場) 속으로
14 사과 찍는 재미
15 사람과 사람의 일 아니라면
16 더 깜깜해질 때까지
17 한 줌의 속삭임들
18 이유 없던 날
19 구원의 감각
20 결국 저절로
21 처음이었네
22 또렷,
24 연(軟)하게
25 딸기를 먹이다
26 허리를 굽혔다, 굽혀 준 사람들에게
27 아직 못다 지었으니

28 환절(換節)
29 느낌, 숲의 사람
30 사람이 있었다
31 옻나무가 무서웠는데
32 이 기쁜 느낌


II

35 헛소리, 헛마음
36 난해한 행동
38 수굿하게
39 갈팡질팡
40 느슨하게 걸었던
41 폐일(吠日)
42 불을 보듯
43 끝날의 전날
44 단감은 오지 않았다
45 정통한 소식
46 웃음도, 울음도 버리고
47 여러 번이 또 여러 번
48 측은함이 녹음(綠陰) 같다
49 캄캄하고, 공평하고

# III

53  숙연(肅然)
54  하염없이
56  좋으련만
57  수국(水菊), 수국
58  이팝꽃
59  여름 화엄
60  여름, 접히다
61  여름 볕
62  잘 건넜다
63  실컷, 울렁거렸다
64  알고만 있으면
65  소리들
66  노을 연습
67  은근하게
68  겨울 궁리
69  알아볼 겁니다
70  동생들
72  무학(無學)
74  일어나요
75  우리도요

## IV

79 울먹울먹
80 연립(聯立)
81 국토가 정다웠습니다
82 불화(不和)
83 꽃 거름으로
84 네게, 멀리서
86 저 굵은 빗, 빛줄기
87 몸을 휘저으며
88 2018년, 가을 숲
89 있어야 할 사람
90 어느 날, 좋은 여름
91 놔둬야
92 여름에 들다
93 에잇,
94 고향, 쏟아지다
95 오래 그리워하겠다
96 미자(微子)에게

해설

99 지연된 기원 | 김태형(시인)

I

# 입장(立場) 속으로

만나러 가고 있는 중이다
도움을 주어야 할 입장이다
걸음이 새털처럼 가볍다고 할 순 없다
어디까지 관여해야 훈훈할 것인가
화근이 될 수도 있을 것이다
받았다는 기억은 시간이 흐른 뒤
여러 가지 태도를 낳기 때문이다
한 태도 때문에 밤샘을 한 적도 있다
그래도 만나러 가고 있는 중이다
말없이 오래 안아 주는 느긋한 천성을
오래 부러워만 하며 살아왔다
입장을 바꿔 보라는 귀한 조언을
여러 번 귀하게 쓴 적이 있을 뿐
땀을 흘리며 관여한 적은 없었다
거의 다 와 가고 있는 중이다
그의 입장 속으로 입속의 사탕처럼,
혹은 눈이 녹듯 입장(入場)하려 애쓴다
걸음이 점점 빨라지고 있는 건 아니다.

# 사과 찍는 재미

사과 찍는 재미에 들리게 되었다
싸움이 될 거라는 생각은 하지 못했다
벌어진 일의 앞과 뒤나 살펴 두려고
두근거리면서도 수화기를 들었던 것인데
기다리고 있었다는 듯 쇠붙이 언성이 덜컥덜컥
기차 오는 소리로 들어왔다 싸움이 되겠구나
덜컥 수화기를 놓으려다 그래도 잇대어 보려는데
쓱쓱 무 잘리듯 전부 잘려 버리고 말았던 적,
전혀 말을 이으려 들지 않았던 사람은
평소 좋은 사람으로 알고 지내던 사람
이만하면 많이 다친 건 아니지 생각하며
베인 자리 대강 씻고 또 살았다
꽤 지나서 어느 어색한 자리에서
우물쭈물 애매한 빛깔의 사과를 받았다
이게 사과려니 생각하니 우선 반가워서
놓칠세라 받아 안고 급하게 돌아왔던 적,
사과와는 아무 상관없는 사과 찍는 재미
그냥 재미로.

# 사람과 사람의 일 아니라면

기억나지 않는다고 말했지만
나는 뒤끝이 오래가는 천성
여태껏 뽑아내지 못한 잡초들
말라 버린 자리서 또 싹이 나고
뻗쳐오르다가 또 서리를 맞고
기억나지 않는다고 말했지만
아닌 척하며 딴청 부렸지만
혐오로 변한 만남들이여
그냥 죽었다고 전해다오
나도 오래전 죽었다고 흘리마
그런 일은 전혀 없었다고
차라리 딱 잡아떼어다오
사람과 사람의 일 아니라면
세상은 누리기에 아주 좋은 곳
사람과 사람의 일 아니라면
세상은 누릴 것 아예 없는 곳
생각을 뒤집었다 폈다 하면서
죽었다가 살았다가 하면서.

# 더 깜깜해질 때까지

더 깜깜해질 때까지
창을 열어 놓고 앉아 있을 참이다
지난밤 꿈속에서 밍크코트를 입었다
꿈속에서도 얼른 벗어 버리고 싶었다
힘에 부치거나 맞지 않는 사태는 피해 다녔다
그냥 피한 건데 겸손하다는 소릴 듣기도 했으니

아직 눈 흘기고 있는 사람도 있고
오래 열매를 대어 주는 사람도 있다
힘들 때마다 밑줄 그어 둔 문장 속으로 피했다
소심했던 거라고 도량을 넓히라고
턱을 쓸어 주는 밤바람

열린 창문을 끌어당기며
소심의 날들을 소심하게 펼쳐 본다
더는 움켜잡지 못할 것 같은 손가락들
밤바람도 갔으니 놓아 버려야 하나
한참을 더 앉아 있을 참이다.

# 한 줌의 속삭임들

세월, 처음부터 쏜 살은 아니었지
추운 겨울과 뜨거운 여름의 하학(下學)
아무리 재촉하며 걸어도 집은 멀었지
별을 따다 주마, 달을 따다 주마
세월, 쏜 화살이었다면 감히 속삭였을까
헤어진 저녁에서 다시 만나는 저녁까지
아무리 팔을 휘저어도 햇살이 남아돌던
우물거리며 마구 빨아대도 녹지 않던 시간
꼭 사람 하나 잃을 것만 같던 노심초사의
질 나쁜 예감에 시달리던 젊음도 있었지
웅크리며 꼼짝 않더니 세월, 어느새
쏜 살이 되어 망설임 없이 나른다
전생과 내생을 감쪽같이 이어붙일 기세다
날아가는 화살 꽂힐 곳은 세월없을 곳
돌아갈 집도 노심초사도 없을 곳 내다보며
푸석해진 욕망들이 굼뜨게 움켜쥐어 보는
한낱 속삭임에서 그친 한 줌의 속삭임들.

# 이유 없던 날

생각할수록 무거워지고 있었다
불쾌를 감당하며 꽤 헤매다가
야간 식당에 들어가 간신히 주저앉혔다

늦은 시간인데 따끈한 밥이 나왔다
두어 수저 밥이 남아 가는데
반찬들이 먼저 비워졌다

조용히 접시를 바꿔 주는 식당 사람
짭짤한 깍두기를 거의 입에 넣고서
천천히 문을 닫았다, 감사합니다

불쾌와 깍두기를 바꿔 먹은 날
손해 본 것 굳이 없는 그저 그런 날
승객들 틈에서 온기를 모으며 귀가했다

짜게 먹을 이유 굳이 없었던 날.

# 구원의 감각

밤늦어 외진 벌판 시골 정거장에
왜 홀로 으스스 떨고 있었나
까닭이야 앞과 뒤로 수북하지만
두려움 껴입고 서 있어야 했던
구구한 사정을 말할 필요는 없는 것
그 자리에서 생생하게 겪어 낸
초조와 불안 요동치던 맥박
그리고 어느샌가 옆자리를 채워 준
연인들의 따끈한 입김에 대한 기억
공포감이 툭 터질 듯하던 때에
언 몸을 다독여 주던 구원의 감각
감각은 구원의 기미에 민감하다는 걸
그 이후에 떠올려 보곤 했었다
오래 불안감에 시달리는 네게 전한다
'불안은 불안이 불안해하는 거'라는
푸른 페이지의 문장을.

# 결국 저절로

새벽 두 시쯤일 것이다
고요가 한껏 두툼해지고
계속 찜찜하던 그 뭣이 불거진다
짐작이 없었던 건 아니지만
나도 좋은 사람은 아니었구나
저절로 솟구친다
침묵 속에 무작위로 구겨 넣었던 판단들
그 잡동사니가 결국 툭 터지고 있다
두툼한 고요를 두를 수가 없다
그간의 침묵은 편의를 위한 것
편의를 편리하게 도모했을 뿐
제대로 조용한 사람은 아니었다
덜덜 떨면서 헤집어 내는 후련함이여
가슴에 얹었던 팔꿈치가 툭 떨어진다
팔꿈치를 다시 들어 올리기 버겁다
고요가 어느덧 더 두터워졌다
새벽 서너 시쯤일 것이다.

# 처음이었네

응당 설렘 없을 만남이었는데
대충 만나고 대충 헤어져서 왔는데
집에 들어설 때쯤 펴져 오는 사람
이렇게 일어서는 감정은 처음이어서
밀쳐 두었던 시집들을 열어 보았네
달려들며 안겨 드는 문장들의 몽글거림
생각지 않던 사람이 페이지를 넘겨 주네
이 순간은 처음 닿아 보는 목메임이네
어디서 꾸역꾸역 숨어 살다 와서
사람을 이리 무안하게 만드는가
구석구석 숨어 살던 감각들이여
나도 사실 구석에서 꾸역꾸역 살았다네.

# 또렷,

여름 저녁 바람
적절하게 흐르고

달덩이 또렷한 김에
한 말씀도 다시 또렷

기어가던 살얼음판으로
부여잡아라 내밀어 주시던

따뜻하고 단호한 환대

품에 얼굴을 묻어 준다는 건
얼굴을 다시 그려 준다는 거

다시 그어진 얼굴을
상상해 보곤 한다

여름밤의 은근한 시야

먼 곳까지도 서슴없어
서슴없이 따라 걷는다.

## 연(軟)하게

톡-톡

올 듯 말 듯 감촉이 오곤 한다

상추가 되지 못한 상추 씨앗인 듯

배추가 되지 못한 배추 씨앗인 듯

발아되지 못한 것들 어깨 두드리는 겐가

조금은 섭섭하다는 겐가

나도 아직 싹트지 못한 거라는 게지

서럽게 같이 울어 보자는 게지

알려 줄 듯 말 듯

연하게.

# 딸기를 먹이다

욕설 한번 되게
먹여 주리라 벼르던 사람이
초인종 누르고 현관문을 연다
들어서는 순간 결심을 놓쳐 버리고
'어서 와'라며 조금 반겨 버리고 말았다
가빠지던 숨을 고르다가
마침 씻고 있던 딸기 한 알
그 입안에 넣어 주고 말았다
나도 모르는 비겁한 순발력이었다
함부로 웃음을 내놓진 않았지만
제대로 역정을 내놓지도 못했다
마침 딸기를 씻던 중이어서.

# 허리를 굽혔다, 굽혀 준 사람들에게

눈치만 오고 가는 자리에서였다
용기 내어 한 사람을 올렸다
말없이 반대하는 표정들이 다가왔다
재차 주장하며 심하게 떨었으리라
반대하던 이들이 온화해지는 동안
내 얼굴은 점점 붉어졌으리라
주장하려면 제대로 견뎌야 한다
수모를 견디며 나를 올리셨던 스승
겸연쩍게 회의장을 걸어나오며
굽혀 준 사람들에게 허리 굽혔다
그렇게 저물었던 하루의 노을 앞에서
굽혀 준 사람들의 마음에 경배했던 기억
하루하루가 붉게 구불거리며 흘렀다.

# 아직 못다 지었으니

눈 감고 햇살을 받고 있네
어디서나 눈감으면 밤이 오네
밤의 스크린이 내리면서
곧 얼굴들이 지나가네
기쁨 아니면 슬픔 다시 끼치며
눈 코 입이 순서 없이 지나가네
삶이 쌓여서 얻은 것들이 있지
피식, 웃음을 만들 수 있다는 것
따져 묻는 성마름 누르게 되는 것
마음을 더 안쪽으로 들여놓고
외투 자락을 단단 여미고 앉아
꼼지락대는 말들 끝내 밟아 버리고
오랜 모서리들 뭉툭하게 갈아 버리네
눈을 뜨고 순백의 스크린을 맞네
나의 얼굴 아직 못다 지었으니
두껍게 처신하라 마음에게 당부하네
표정 쉽게 바꾸지 말라 당부하네.

# 환절(換節)

꼼짝도 못할 것 같다
꽤 걸려 일어선다
편의점에 들렀다가
실내가 넓은 카페로 간다
창가에 붙어 앉아 맴맴
조그맣게 오물거려 본다
마스크 속 입을 느낀다
마음껏 주변을 비웃는다
아무도 상관하지 않는다
조금 더 세게 비웃는다
마스크 속 입을 제대로 느낀다
여름도 아닌 겨울 하루가 길다
하루가 길어 수심(愁心)도 긴 모양
마음 늘려 먹고 차 한 잔 더 한다
어떤 위로도 기대하지 않는다
쌓아 놓은 수심 한 수레 끌며
겨울은 가뿐히 지나갈 것이다.

# 느낌, 숲의 사람

끈질기게 섭렵했으나
쏟아 낼 곳이 없어
더부룩해진 고독을
단정하게 다스리며
숲길 오르락내리락

전생에서 읽어 둔 책도
이미 늦었다는 귀띔이니
이생에서 모은 문장은
보따리 만들어 숨겨 놓고
숲길 오르락내리락

숲 어디에나 있었다
만날 수는 없었으나
훅 끼쳐 오는 기미
산나물 냄샌 듯
맑은 샘 여울인 듯.

# 사람이 있었다

늘 걷는 사람이 있었다
의심 없이 한 평생을
한 방향으로 걷는 길은
얼마나 먼 길인가,
멀다 않고 걸었던 사람
또한 얼마나 빠른 길인가
쉬지 않고 걸었던 사람
혼자 걷는 길이 아니었다
매달리는 사람 붙잡아 주고
밀어주어야 할 사람 밀어주며
산과 바다와 햇빛 두르던 사람
얄팍한 술수도 적잖이 만났으나
이상한 꽃이야, 웃기만 하면서
내내 어린애 얼굴 꺼내 쓰면서
고루고루 평강(平康)을 둘러 주며
가려던 길, 그 오솔길로만 걸어
보기에 좋은 모습 지어내신 사람.

# 옻나무가 무서웠는데

옻나무가 무서웠는데
옻나무 순 나물
그렇게 맛나는 말 듣고서는
무서움이 좀 가셨다

가슴 한 쪽이
마늘 쪽 박힌 것 같았는데
그 쪽도 힘들어한다는 말 듣고서는
알싸함이 좀 가셨다

옻나무 순 나물
아직 먹어 본 건 아니지만
맛나다는 말 들은 걸로

사과다운 사과
제대로 받진 못했지만
고개 숙이며 걷고 있더라는 말 들은 걸로.

# 이 기쁜 느낌


어느 세월에선가
바닷가 거닐다 툭 밟았던
소라 껍데기들 아니었으면
나선의 춤 어찌 꿈꾸었으리
어느 세월에선가
들판 길 거닐다 와락 닿아 준
코스모스 꽃잎들 아니었으면
어찌 고른 치아(齒牙)를 꿈꾸었으리
고른 치아 봬 주며 웃어 주고프나
손 맞잡고 빙글빙글 은하가 되고프나
차곡차곡 당신을 쌓아만 두고 있다
어느 세월에선가
당신을 꺼내 쓸 수 있으리
당신이 없다면 어찌 알았으리
당신이 있다는
이 기쁜 느낌.

II

# 헛소리, 헛마음

저만치서 두런두런 살아가는
맘씨 좋아 보이는 이웃들에게
다가서서 반갑다고 인사하면서
집으로 함께 올라가 차 한 잔 내고
웃으며 사는 얘기라도 나누고 싶어
주머니에 손 넣고 어슬렁거리기도 했지만
다음에 다음에 하다가 마음에 누더기 입혀
다음 생으로 흘려 보낸 즐비한 헛마음
삶은 제 짧은 끈을 뒤로 감췄다가
곧 요긴한 찰나에 내어 주는 것인데
내일, 내일 하면서 밀쳐 내는 민망(憫惘)
쓸쓸하다 쓸쓸하다 되뇌이는 헛소리
다음 생으로 벌써 먼저 흐른다.

# 난해한 행동

드넓은 초원 축축한 귀퉁이에서

끙끙거리다가 버둥거리다가

새끼를 빠트리자마자 곧

극심한 고통 마르기도 전

몸에서 쏟아진 출산 부산물을

급하게 먹어 치우는 초식(草食)

재빨리 냄새를 감춰야만 하는 것

육식(肉食)의 후각을 벗어나야 하는 것

비틀비틀 새끼가 일어서는 모습을

조마조마 지켜보아야 하는 어미의 세상은

난해한 행동을 지시하곤 한다.

## 수굿하게


언제, 누가

한 광주리 수북하게

이 핑계 저 핑계나

주워 담아 오라 했는가

수굿하게 잘못했다

한마디면 배부른데

붉게 눈시울 적셔 오면

마주 대고 울어 줄 건데

어느 결 웃음이 돌다가

폭소가 터지기도 할 건데.

# 갈팡질팡

엄동설한 땐
더운 게 차라리 낫다고

타오르는 땡볕 땐
추운 게 차라리 낫다고

차라리, 차라리
앉았다가 섰다가

당신의 언덕에선
훤히 내다보일 갈팡질팡

우물가에 걸쳐 놓으신
두레박도 쓸 줄 모르고

목마르다
목마르다 하는.

## 느슨하게 걸었던


인정을 받았네
못 받았네
먼지 자욱한 왁자지껄이
회합의 끝을 보이고 있었다
인정을 받았다고 해 봐야 기껏
인정받는다는 느낌, 얼마 동안
벌겋게 달아오르는 것 뿐인데
겨우 한나절 가는 호사일 뿐인데
면목없는 면목들
실내에 자욱하다
그건 그렇고 꽉 조여드는 이 불편도
거의 심술에 가깝다는 자책에
회의실 문 슬금슬금 열어 가며
도둑고양이 걸음으로 빠져나와서
몇 정류장 지나치며 느슨히 걸었으나
그렇다고 좋은 처신도 아니라는 생각
아직도 회의는 계속 중일까
빠져나와서도 한참을.

# 폐일(吠日)*

해를 보고 짖는 개를 보았네
해를 처음 본 탓이라고 알고 있네
제 알던 범위에서 벗어난
낯선 눈부심이 두려운지
점점 맹렬하게 짖어 가네
제 알던 범위에서 훌쩍 벗어난
콸콸 끓어오르는 해를 보며
짖는 도리밖에 도리가 없나 보네
제 아는 범위의 황홀을 두르고
자홀(自惚)에 빠진 갑남을녀들을
꾸짖어 보겠다는 엉뚱함은 아닐 터
마구 짖어대다가 벌어진 입을
쉽게 다물기가 쉽지 않은 것이겠네
벌써 해가 진 것도 모르는 모양이네
시퍼렇게 어둠으로 살아나 흘러내린
산자락에 휘감기면서도.

---

* 중국 촉(蜀) 땅은 산이 높고 안개가 짙어 해를 보기 힘든 탓에 개가 해를 보면 짖는다는 뜻으로 식견이 좁은 사람이 타인의 훌륭한 말이나 행동을 비방한다는 비유로 쓰인다.

## 불을 보듯

봄나물이 겨울 초입에

파릇 잎사귀를 내밀었다

믿을 수 없이 따뜻해진

며칠을 조마조마 믿은 거

잎사귀를 쓰다듬다 눌러 준다

귀띔 없이 떠나기가 두려웠다

불을 보듯 뻔한 일이다

지금, 여기,

곧.

# 끝날의 전날

내가 뭐라고 나를 이리 쓰다듬어 주나

네가 뭐라고 너를 이리 고통스러워하나

문 밖은 시퍼렇게 끓어오르고

거푸집 세상 격자는 문드러지고

불바다 아니면 물바다

곧 흘러 넘치겠단다

네가 뭐라도 되는 줄 알았다가

내가 뭐라도 되는 줄 알았다가

먹지 말아야 할 것들 마구 먹다가

물 불 못 가리다가.

# 단감은 오지 않았다


죄송한 마음이라며
단감이 왔다

마음 받을 준비로
잠시 눈을 감았다

맺힌 응어리에 즙(汁)이 돌며
고마워서 붉어졌다

단감 한 알 집으려는데

그냥 훅 없어진다

몹시 바라고 있었던 거

단감은 오지 않았다.

## 정통한 소식


냉정 받고서는
파랗게 앙당그리다가

온정 받고서는
발갛게 달아오르다가

애써 엮어 나가다가
도루 풀어 버리다가

장엄 우주도 끝나리라는
정통한 소식에 시시비비 묻으며
인정에 목마르지 않았는데

저만치서 사람 향기 다시 번져
눈언저리에 흰 수건 대어 놓네

정통한 소식 기다리지 않네.

## 웃음도, 울음도 버리고


공동체 마련하겠다는 논쟁이
막 끝났다, 끝난 게 아니다

회의장에서 나오는 사람들
충혈되었거나 혹은 비웃음이 돈다

사무치게 섞이길 바랬으나
사무치지 못한 모양이다

웃음도, 울음도 버리고
멀리서 천천히 번져 오는 맑음

장마철 물러날 때까지는
끈끈한 걸 참아야지

한 발 디디고 멈추고
두 발 디디고 멈추며.

# 여러 번이 또 여러 번

비가 온다 나무는 얼마간
제 둘레 것들 한껏 가려 준다
품 안으로 사람들이 더 든다
비가 몰아치기 시작한다
더는 가려 주기 어렵게 된다
에잇, 젖은 사람들은 가 버린다
미안하다거나 서운하다거나
감정은 어느 틈엔가 사라졌다
여러 번이 또 여러 번 지난 뒤
떠났던 사람들 우르르 와서
아이쿠, 천년이나 된 나무네
놀란 표정으로 한 바퀴 도는 거
또 천년 동안 일어날 일이겠다
아무 감정 없으니 이제 잠들어
그만 캄캄해졌으면 좋겠는데.

# 측은함이 녹음(綠陰) 같다

마음 무늬 더는 잇대지 않으려나
머지않아 단풍들이 모여들 터인데
그래도 괜찮지 남은 날 많지 않은 걸
그간 보내 준 무늬들만 입고 놀기에도
하루가 빠듯한 걸
먼 산 바라며 찬물이나 마셔 두려는데
벨이 크게 울린다
스피커를 타고 무늬들이 여울져 온다
아무 날 아무 시간 비워 주세요
이런 일도 있었고 저런 일도 있었…
알았어요 알았어요 그럼 만나야죠
막히려던 목구멍 뚫으려고
따라 놓은 물 급히 마신다
아무 것도 들키지 않았는데 화끈거린다
측은해라, 아직 녹음 천지에.

## 캄캄하고, 공평하고

블랙홀이 파쇄한 정보가
연신 빠져나오며 합성된다

맹수의 젖은 눈가에 몰려
눈물 빨아먹던 날벌레들

바글거리며 날벌레들이
휙 돌아서서 눈빛을 낸다

눈물 자국 짙은 맹수로
몸을 합친 것이다

맹수는 날벌레로 흩어졌다가
바글바글 그 눈가에 몰려든다

밤의 황야는 아무렇지도 않다
그냥 캄캄하고 공평하다.

III

## 숙연(肅然)

저렇게 번졌었다니
헤프다고 손사래 쳤건만

그러니까, 그러면서도
끊어질 듯 얇은 마음 쌓여

쓴 물이 오르도록 노랗게
번져 나고야 말았던 것

변명할 것 없다
무릎 꿇어라

함부로 넘쳤던 마음
숙연하게 수습하라

씀바귀 꽃
지천.

# 하염없이

천년째인지, 만년째인지

왔다가 가고 또 오는 고단함이여

햇빛에 질리던 하얀 여름 오후

툇마루에서 단 것을 물고

옴추리며 집 지키던 유년

허공에 몇 겹으로 뜬다

계절도 날짜도 적히지 않는

두꺼운 공책(空冊)을 끼고서

꾸벅거리는 하염없음이여

제 얼굴도 볼 수 없는 얼굴들이

몇 겹 회오리를 일으키는구나.

# 좋으련만

밭고랑에 묻혀 풀 뽑다가

잠깐 숨 돌리는 어머니와 아들

풀물이 시퍼렇게 번진 손
나란히 세워 보며 웃는데

근처까지 어기적 기어 온
그루 오이 넝쿨 힘이 없다

늙은 어머니 눈빛이
힘겹게 흘러 넝쿨까지 닿는다

애기 오이들 자랄 때까지
늦더위 길어도 좋으련만

나란한 사람들 오래오래
나란했으면 좋으련만.

# 수국(水菊), 수국

사랑은

사랑이 아닌 경우만

가리켜 보이고 사라져 간다

멀리, 빠르게 사라진다

서러움 꾹꾹 누르다

하얗게 솟구치고 마는

수국… 수국

아니었다면서

그러면서도.

## 이팝꽃

오월이 오더라

이팝이팝 오더라

네 뺨의 밥알

내가 떼어 먹고

내 뺨의 밥알

네가 떼어 먹고

천년 넘게

오월이 오더라

밥알밥알 오더라.

# 여름 화엄

연꽃 봉오리 끝
백척간두에 착지한
홀연한 곤충

봉오리도
날개도
미동했을 터인데

어느 게
먼저 흔들렸을까
셈의 미혹에 걸렸다가

땡볕 고요
곧 터질 듯하여
억년함묵에 뛰어들었다

한창 여름의 화엄
얼음꽃 갈피 속에
얼어붙었던 적.

# 여름, 접히다

진초록에 몸 비비며

주황 심지 한층 돋우며

칠팔월을 휘어잡던 산나리꽃

슬며시 한풀 꺾는 초록에게

두 손 비비고 있다

다닥다닥 붙은 주근깨 털며

실컷 내밀었던 꽃술 오므리며

주황 심지 내릴 수 없다고

두 손 비비고 있다

여름은 어쩔 줄 모른다.

# 여름 볕

한없이 심심한
한여름 볕은
걸음이 마냥 길어

이 마을에서 저 마을까지
저 마을에서 이 마을까지

한 잔 술에도
귓불 붉던 아버지

이 마을 화창(和暢)
맨드라미 곁으로

저 마을 계신 아버지
모셔 오는 여름 볕

도톰도톰 맨드라미 귓불
만져 드린다.

## 잘 건넜다

당신에 빠지지 않고

당신을 잘 건넜다

우기(雨期) 넘긴 냇물

조마조마 건너고 나서

젖은 옷단들 내리며

천천히 돌아다 보는데

사납게 밀려오던 당신

떠내려간 자취

비릿한 물 냄새.

# 실컷, 울렁거렸다

사랑에 빠진 적 없이도

언제나 울렁거렸다

땡볕 속 쩍 갈라지던 우주

수박의 향내와 빛깔만으로도,

눈송이 뒤집어쓰고서도 내내

뭉개지지 않던 산사자(山査子)

그 올곧은 결심만으로도,

오르막길 오르고

내리막길 내리며

실컷 울렁거렸다.

# 알고만 있으면

멀고 멀다는 거기

거기서 잘 있다는 거

알고만 있으면

흘러오는 앞 냇물에

배추 씻고 쌀 씻으며

잘 살아가고 있다는 냄새

한 오라기만 흘려 보내면

온다는 기별 늦어져도 괜찮고

영 기별이 없어도 또 괜찮고

알고만 있으면.

# 소리들


비 몰려오듯 왔던 사람들이
비 몰려가듯 떠난 자리에는

웅성웅성 사람 소리 남는다
주룩주룩 비 내리는 소리 남는다

버리고 간 마음들과 놀아 주려는 것
한마음 두마음 더 살펴 주려는 것

줄지은 의자들 아직 접히지 않았으니
잊고 간 꽃다발 아직 못다 웃었으니

구석구석 충분히 둘러본 뒤에
비 내리는 곳으로 또 흘러간다.

# 노을 연습

'적국(敵國)의 칼날에 베어진
지아비의 피 칠갑 얼굴을
무릎 꿇어 공손히 받아들고
흔들리는 등 안 보이겠다고
뒷걸음으로 물러서다 주저앉은
지어미의 흰 치마 주름에 번진
통곡 무늬 여태 번지고 있다'고
노을의 내력 만들어 보는 저녁

노을 드는 얼굴들과 마주치면

감싸며 어루만져 주고 싶어

공손히 굽어 드는 두 손

서러움 붉게 타는 두 손

허공 높이 띄워 보곤.

# 은근하게

은근하게 잊기로 한다

뭉근하게 잊기로 한다

"이제 다 잊었다"

소리 지르지 말고

손 씻고 발 씻으며

"누구시더라, 누구였더라"

뭉근하게 졸아든 세월

한 수저씩 떠먹으며

소리 소문도 없이.

# 겨울 궁리

곧 무서리 내린다는데
호박 넝쿨 걷어오자

자리에 없는 사람들
소문은 묻자

입 다물고 잘 살피면
아직 알밤도 몇 알은 줍지

이 자리에 없는 사람들
호랑이 굴에 있을지도 모른다

곧 무서리가 내린다는데
고추밭에 가서 고춧잎 따자

호박잎은 찌고 고춧잎은 삶고
겨울 궁리 맛있게.

# 알아볼 겁니다
— 어머니께


몹시도 보고플 웃음
양 겨드랑에 눌러 담습니다.
몹시도 닿고 싶을 살결
꼭꼭 쥐어 봅니다
왼쪽으로 오른쪽으로
얇아진 뺨에 부벼 댑니다

물설고 낯설은 골목
캄캄하게 헤매이다가도
어머나, 어머나
후다닥 알아볼 겁니다

용담꽃이
용담꽃 반기듯
우리는
금세.

# 동생들

착하게만 생긴 것들

찬바람에 으스러지는

머루송이들처럼,

시큼하게 짓이겨진

봉숭아 잎사귀들처럼,

그냥 안됐기만 한 것들

강아지풀 무성하던

가을 길섶처럼

수북수북 와서

간질이며 파고 들다가

봄 되면 다래 순으로

쭉 뻗어 나가는 것들.

# 무학(無學)

낫 놓고 기역자 모르는

일자무식 나도

더는 배울 게 없는

꽉 찬 배추포기 너도

그냥 무학(無學)이란다

무섭고 간소한 처리다

윗것도 가려 주고

아랫것도 가려 주는

천의무봉(天衣無縫) 한 자락

수천 벌 어질러 놓은 뒤에야

잡히는 한 자락.

# 일어나요

일어나요 일어나 보세요
행운이 비껴간 만큼
액운도 비껴간 걸요
한쪽에선 좋다 야단이고
한쪽에선 언짢다 찌푸리지만
우리는 이미 잘 길들여져
이리저리 날뛰는 봄바람도
대충 알아서 잘 잡아 놓죠
이 생각으로 저 생각 안아 주면
어느새 동트는 아침인 걸요
밥 든든하게 먹고 혼란으로 가요
우리는 속절없이 휘둘리지 않아요
이 세상 찬란해서 하두 눈부셔서
제자리 걸음인 줄 알면서도 맴맴 돌죠
돋아나는 자리마다 북돋워 주며
기쁨의 양 한껏 늘려 실컷 먹는 거죠
우리는 다 모르고도 다 알아요.

# 우리도요

한 사람 쓰게 울자

곧 여럿이 씁쓸하다

한 사람이 발그레 웃는데

곧 여럿이 붉어진다

네가 우니까

네가 웃으니까

거기서 우리도요

저기서 우리도요

우리도요.

IV

# 울먹울먹

일흔 넘긴 딸이 아흔 넘은 엄마 밀고 간다
휠체어가 매끈하게 구르진 못한다
서너 걸음에 한 번씩은 허리를 펴면서 딸은
비문증의 시야를 조심조심 열어 가는 것이다
엄마는 도드라진 꽃송이들 눈에 따 담다가
미안하다 미안해서 어쩌냐 그러다가 잠잠
숲길이 꿈길인 듯하여 꿈속으로 잠겨 버린 듯
딸은 엄마에게 푹 잠겨 꿈길을 가고 있는 듯
대궁 위의 꽃잎들만 고요를 쏙쏙 핥는다
휠체어가 쉽게 나아가고 있는 건 아니다
딸은 힘에 부칠 때마다 발을 재게 놀린다
올해 올가을이 환하게 흔들어 주는 시방,
상사화 울먹울먹 모녀와 섞이는 애련은
누군가의 후생에서 어렴풋이 피어오르리
딸은 앞서가는 생각 멈추려 휠체어를 돌린다
미안하다니요, 미안하다니요
엄마의 머리칼 바람에 날려 주며 허리 쭉 편다
숲길엔 남은 초록이 조심스럽게 해를 쬔다.

# 연립(聯立)

연립에 살아요
높지 않은 산이 바짝 붙어 있어요
'연립'이라니요 어감도 뜻도 참 좋네요
일 층도 좋고 이 층 삼 층이어도 다 좋겠네요
그건 시퍼런 위계가 아니잖아요
위계를 지우고 함께 가 보자는 그룹
그룹을 믿고 지평선까지 달려 보려다
몇 번이나 넘어졌는지 몰라요
초대해 주세요, 그 연립에
산그늘에 어깨 맞추고 느긋 앉아
마음에 들어 있는 사람들 손에 손잡고
나란히 나란히 향해 가는 모습
허공에라도 띄워 보고 싶으니까요.

# 국토가 정다웠습니다

지난여름에 대해 정리하라 하셨습니다
어찌할 바를 모르겠습니다
지난여름 사정 많았던 여름을
어떻게 추슬러서 보고해야 할런지요
저의 시야를 믿어 주셨다는 소문인데
정말 어찌할 바를 모르겠습니다
매미 울음이 어느 해보다 진했다고
뻐꾸기 울음이 어느 해보다 처량했다고
몰려드는 분노들로 국토가 몹시 끓었다고
허망한 문장들을 만들다 지웠습니다
저는 단적인 문장을 만드는 문장력을
몹시 두려워하는 겁쟁이에 불과합니다
참고해 보려던 문장들이 너무 단단하여
두드려 보다 그만 돌아서야 했습니다
우물쭈물 겨우 말씀드리겠습니다
지난여름 오이 냄새가 유난히 싱그러워
눈물겹게 국토가 정다웠습니다.

# 불화(不和)

불같은
불화가 남았으나
나쁘지 않다

문제를 질질 끌다
벌개진 언어들
고쳐 쓸 만하다

설컹거리지 않는
협상이 있을까

가랑비에 옷 적시다
얼굴들도 적시면서
모락모락 흰 김 오를 때까지

잘 돌보면 되는 거
맞잡고 불화를
잘 키워 내면 되는 거.

# 꽃 거름으로

머리 검은 짐승… 한탄하며
서둘러 입 떼지 말고
그래도 거둬 주길 잘했어…
좀 기다렸다가 눈 뜨면
아쉬움이야 누릇누릇하겠지만
사람 노릇은 푸릇푸릇한 것
원수인 줄 알았는데 알고 보니
은인이더라는 익숙한 결말
구절양장 곡진한 서사를
눈물 흘리며 숙독하고서도
사람 처신은 어렵고 쓸쓸한 것
아직 꽃 모종할 자리 넉넉하니
아쉬움은 꽃 거름으로 쓰면 되는 거.

# 네게, 멀리서

반색하며 달려들더니
영문 모르게 외면하는 얼굴들

떨쳐 내려 애를 써도 쩍쩍 붙는 밤
이런 날들이라면 괜히 몸만 축난다

빛 거의 사라져 가는 골목길
욱죄이며 오가는 사람들 근처에서

금방 핀 분꽃 한 송이 입에 물고
이 세상 살 만해요, 꽃피리 불어 주던

잘 쟁여 둔 너그러움 빠져나와서
사람들 서늘한 어깨 덮어 주곤 하던

보기에 좋았던 때가
그럼 그럼 많이 있었지, 너는

기꺼이 새벽을 보내 주마
네가 잘 보이는 여기 멀리서.

# 저 굵은 빗, 빛줄기

"불안은 세계의 날씨"

하필 벼락이 내리치는 순간에
메시지가 당도한다

지금 너는 불안하냐
지금 우리는 불안하냐

그럼 되었다

이제 나는 불안하지 않다

우리는 불안하지 않다

저 굵은 빗, 빛줄기가
전부 으깨 주리라.

# 몸을 휘저으며

성의 없이 어설프게 헤어졌다
대충 인사하고 만원 버스에 올라탔다
네가 사라지는 모습이 내다보인다
손잡이 붙들고 몸의 균형을 잡는다
안전하다는 느낌이 천천히 온다
너의 모습이 다 지나가고 있었다
네 생각이 옳을지도 모른다고 생각한다
손잡이 붙들고 몸 휘저으며 생각한다
의견을 바꾸겠다고 곧 말하지는 않겠다
삐걱거리던 때가 어디 한두 번인가
너를 꾸준히 만나야 하는 이유는
잘 자란 나무 잎사귀들만큼이겠다
사라진 네 뒷모습이 벌써 아릿하다
버리고 찾아 헤맨 적이 어디 한두 번인가.

# 2018년, 가을 숲

막 지나간 이해 불가능의 여름이
내리는 비에 선선히 식어 가고 있었다
분별할 수 없는 빛깔들이 섞이는
숲의 아침으로 비장하게 걸어 들었다
그간의 회한들 출처가 애매하다는 걸
빛깔들 헤아리다가 되짚는다
거칠게 셈하는 무성의들 못마땅해
소리 지르며 앓던 날도 있긴 했으나
꼭 무성의는 아니었을 거라 생각한다
삶의 갈피들, 따라잡기 어렵게 접혀
올망졸망한 곡절이 있었을 것이다
그 모든 덕분에 이만큼이라도 붉어진 것
일일이 응대하지 못했던 시간들 불러내
환해지고 있는 숲의 가운데로 함께한다
곧 70년을 살게 된다.

# 있어야 할 사람

프란치스코 회관은
맑아지기에 알맞은 곳
낙엽 가을에서 나목 겨울까지
'예수는 누구인가' 강의를 들었다
수강생들은 모두 여자였고
강사 또한 키가 크고 눈이 큰
믿음직스런 여성 신학자였다
수강생들은 과부와 고아들,
고향 떠난 사람 심정을
꼼꼼하게 박음질 해보려고
차오른 재채기를 삼키곤 했다
'예수는 누구인가' 강의가 깊었다
분명히 있었던 사람
꼭 있어야 했던 사람
내내 있어야만 할 사람
수강생들 옷차림이 푹신해지며
겨울이 깊어 가고 있었다
푹신하게 눈도 쌓이곤 했다.

# 어느 날, 좋은 여름

발긋발긋하면서 뽀얗기도 뽀얀
복숭아들이 소쿠리마다 넘쳐나는
과일 시장의 농익은 향내를 쐬며
황홀하게 걷는 중이다
다 같은 복숭아래도 저렇듯 다 달라,
저렇듯 달라서 한 소쿠리가 된 거지
과일 봉지 덜렁이며 어깨 스치는 사람들의
낯설지 않은 훈기를 받는 중이다
다 같은 사람이래도 이렇듯 다 달라,
이렇듯 달라서 서로 얼싸안기도 하는 거지
다르다 해도 거슬러 보면 복숭아는 복숭아,
오래 올려다보면 사람은 또 사람,
저기 웃음이 마냥 좋은 여자분과
목소리 넘치지 않은 듬직한 남자분과
수북수북한 과일들 사이에 있는 중이다.
향내와 훈기 연신 바르며 있다.

# 놔둬야

막, 욕심에 대한
강연이 끝났으나
후련하지 않다
그렇다

욕심은 욕심대로
무욕은 무욕대로
섞어 대지 말고
있는 채로 놔둬야

고춧물 들 듯이
감물 들 듯이
못할 바엔
있는 채로 놔둬야

한 세상 뒤의 또
한 세상 웃음은
그저 하얗게
무량(無量)인걸.

# 여름에 들다

며칠째 몸살 중에 있습니다
애면글면하며 조금씩 짙어지고 있습니다
빗줄기 잡아다가 주렴으로 쓸까 하여
주렴 늘여 놓고 고요히 좌정할까 하여
마냥 좋은 나뭇잎 장엄한 공원에 들었습니다
장화 신은 사내아이가 허공과 사귀느라
손잡고 나온 할머니 자락에서 멀어질까 하여
좋은 나뭇잎들과 눈짓하며 좀 더 짙어졌습니다
할머니 걸음 느려지는 듯하시니 다행입니다
당신의 걸음도 느려졌으면 좋겠습니다
기다려 주겠다는 기별 빗물에 섞어 보내시면
주룩주룩 빗물 속에서 한층 간절해지다가
꽉 차오른 빛깔 드디어는 얻겠습니다
지금, 여름에 푹 젖어드는 중이니까요
짙어지는 것들 곧 테두리를 두를 테니까요.

# 에잇,


오래 꿈꾸어 온 정돈의 시간을
다시 꿈꾸다 에잇, 일어섰다
추적추적 겨울비 요란하지 않은 늦은 오후
시내버스에 오르는데 듣기도 좋게
어서 오시라고 웃음 건네는 운전기사
뜻하지 않았는데 기분이 갠다
창가 자리가 남아 있어 또 갠다
내다보이는 가로수 가지마다
잎이 곧 돋을 듯하여 입안이 화해진다
뒷좌석에서 '밍크코트도 못 입어 보는 이런 겨울 무슨 겨울이냐'면서
소곤거리는 여자들이 별로 밉지가 않다
조심스럽게 손전화를 하는 사람도 고마웠다
껌을 우물거리면서도 운전기사는 연방 인사를 하고
신발 적시지 않을 만한 곳에 차를 대어 준다
삼십여 분쯤 뜻하지 않았던 극락을 누리고
그치지 않는 빗속을 가는 중에 또 갠다
오래 치근덕거리는 초라한 목록을 멀리 던진다
에잇.

# 고향, 쏟아지다

스크린 속 저곳
영락없이 고향이었을 것이다
가슴 뻐근하게 그리워지는
영롱한 우주 파프아뉴기니아
긴 강물 흐르는 초원 걸쳐 입고
울퉁불퉁 자연스런 어린애들
헤엄치며 뻗어 나가는 동안
소년이 되고 청년이 되고
늙는 줄도 모르고 늙어 가는 동안
서로 목숨줄 붙들어 주면서
한 덩어리 구름으로 흐른다
한 줄기에 올망졸망 매달린
부락민들 억센 풀밭 밟으며
꽃과 잎사귀 입고 춤추는 달밤
어느새 조상들도 내려와 어울린다
폭포로 쏟아지는 노스탤지어
저기, 고향임이 틀림없다.

## 오래 그리워하겠다

울컥 솟구칠 것이다
한참 그리워질 것이다

좋은 것만 생기면
뜨거운 걸음 재촉해

수북하게 담아 오던
움푹한 대접과 넓은 접시

탱탱하게 채워 왔던
검은 봉지들을 개키고 있다

뭐라 말을 해야겠는데
눌러 앉힐 말이 없다

흐느낌조차 달아나고만 있으니
그냥 오래 그리워하겠다고만.

# 미자(微子)에게

— Neutrino


미자야, 오늘도 어제처럼 해가 떴구나
덕분에 외로움이 많이 줄었다
너를 기어코 만났구나
없다고 했을 때는 그렇게 있더니
있다고 했을 때는 그렇게 없더니
속속들이 다녀가면서도
오래 입 다물어 주었던 것
알 수 없었던 느낌들이 언제나
포도송이처럼 부풀어 대롱거렸었지
네가 있을 것이라 짐작했다
나를 관통해 주던 매 순간의 고요로
깊이 없던 얄팍한 미소와
누더기로 지은 한 생각, 생각들
다 감싸 안고 쓰다듬어 주었던 것
고맙다, 두려움이 많이 가셨다
다녀가면서 또 채워 주는 마음 씀에
부끄러움과 안도를 함께 전한다
오늘도 해가 천천히 다녀가더구나.

해설

# 지연된
# 기원

— 한영옥 시인의 부드럽고 도저한 시 세계

김태형 (시인)


다윈에 의하면 '기원'이란 한 생물 종이 다른 종으로 전환하는 것을 의미한다. 시작점이 아니라 끊임없이 이어져 온 변화의 과정 전체가 '기원'이다. 이로부터 우열은 사라지게 된다. 자연의 진화와 사회의 진보를 동일한 구조로 이해한 스펜서 이후 사회적 다위니즘은 '적자'를 우월한 형질을 가진 종으로 여겼다. 변화된 환경에 적합한 종이라는 다윈의 이해가 잘못 해석된 결과였다. 오랫동안 다윈을 오해한 사회적 다위니즘은 이런 해석을 인종 간의 우열을 가리고 지배하는 폭력의 역사로 정당화하는 데 이용해왔다. 이렇게 보편문명은 다원적 보편성이 아니라 통합적 동일성으로 탄생했다.

사회적 다위니즘의 폐해를 살펴보아도 알 수 있듯이 자연과 문명의 법칙은 서로 다르다. 그러나 어떤 부분에서는 일치하기도 한다. 인간이 선호하는 형질을 얻으려는 인위 선택은 변화된 외부 환경에 의해 결정되는 자연 선택과 다르지 않다.(다윈이 비둘기 육종에 관한 사례를 든 것은 옳았다.) 어떤 작품이 선택되는 이유가 인위 선택이라면, 그것 역시 사회 환경의 영향 아래에서 이루어진다. 결정적인 차이는 인위 선택에 의한 결과가 획일성이라면 자연 선택은 다양성을 추구한다.

변이가 지속적으로 이루어지는 것은 아니다. 다윈 이후의 학자들이 밝힌 것처럼 생물 종은 오랜 기간 동안 정체 상태를 유지한다. 임의적이고 우연적인 변이는 어느 한순간 급속하게 폭발적으로 이루어지고, 이어서 대멸종의 단계를 거친다. 언뜻 보기에 정체, 변이, 멸종의 일정한 패턴을 반복하는 듯하지만, 그것은 매우 불완전하다. 스티븐 제이 굴드는 이를 '구두점식 균형(불연속적 균형)'이라고 부른다.

진화론의 중요한 세 가지 요소 중 무목적성과 우연성보다 맹목성에 주목할 필요가 있다. 우연히 어느 한순간 폭발적으로 변이와 자연 선택이 이루어지지만, 저 오랜 정체 상태에도 부단한 맹목성이 잠재되어 있기 때문이다. 오로지 부단한 맹목성으로 가득한 정체 상태를 보내야만 우연적이고 점진적인 대변이의 시간을 맞이하게 될 것이다. 그때 무엇인가 깨어나 눈을 뜰 것이다.

톡-톡

올 듯 말 듯 감촉이 오곤 한다

상추가 되지 못한 상추 씨앗인 듯

배추가 되지 못한 배추 씨앗인 듯

발아되지 못한 것들 어깨 두드리는 겐가

조금은 섭섭하다는 겐가

나도 아직 싹트지 못한 거라는 게지

서럽게 같이 울어 보자는 게지

알려 줄 듯 말 듯

연하게.
　　　　　　　　　　　　　—「연(軟)하게」 전문

한영옥 시인은 그 "감촉"을 부단한 정체 상태를 겪은

후에 느끼기 시작한다. 이 또한 "올 듯 말 듯" 오랜 시간에 걸쳐 점진적인 상태에 있을 뿐이다. "상추가 되지 못한 상추 씨앗인 듯/ 배추가 되지 못한 배추 씨앗인 듯/ 발아되지 못한 것들"이라 부르는 것은 결국 자기 자신을 비유한 것이지만, 어쩌면 시인은 자기로 다시 태어나기를 원치 않았는지 모른다. 배추 씨앗이 배추가 되지 못하고, 상추 씨앗이 상추가 되지 못한 것처럼 '나'도 싹트지 못했다. 그러나 "씨앗"이라는 정체성은 '나'에게는 다른 의미를 갖는다. "발아되지 못한 것들"이라는 범주에 '나'를 포함하면서도 "발아"의 목적은 달라지기 시작한다. 이미 존재하는 '나'는 다시 자기가 될 이유가 없다. 시인은 또 다른 존재로 "발아"하기 위해 기다리고 있었던 것이다. 그 정체 상태는 부단하게 이어질 수밖에 없다. 그 상태는 점진적인 변화 과정 속에 있다. 어떤 '기원'을 이루기까지 오랜 시간을 견뎌내야 한다.

"서럽게 같이 울어보자는" 연민은 새롭게 거듭나기 위한 존재의 슬픔과 지난한 견딤의 시간을 품고 있다. 시인은 어떤 "감촉"을 느끼기까지 맹목성의 침묵을 건너왔을 것이다. 기다린다는 것은 그렇게 쉬지 않고 멈추지 않는다. 단 한 순간도 시인을 벗어날 수 없는 이의 운명은 그 맹목성으로 가늠할 수 있을 것이다. 때로는 섭섭하기도 했다. 화려하게 만개한 세상에서 또 다른 기원을 향해 웅크려 있는 시인은 서럽기까지 했을 것이다. 그러나 "톡-톡" 무엇인가 열리기 시작한다. "올 듯 말 듯"이, "알려줄 듯 말 듯"이 느껴지는 변화는 강렬하지 않고 모호하다. 분명하지 않으면서 가늠하기조차 어렵다. "연하게" 느껴지기 때문이다. 쩍 갈라져 튀어나오거나 하늘에서 툭 떨어지는 게 아니다. 그저 "연하게", 알아챌 수 없을 만큼 희미하게 다가오는 "감촉"은 오래 기다려온 예민한 시인만이 느낄 수 있다.

아직 또 다른 '기원'을 기다릴 뿐이다. 뭔가 "올 듯 말 듯"한 상태에 있기 때문이다. 지금 이 순간에 그 "감촉이 오곤 한다". 변화의 순간은 지연된 시간의 반복 속에서 시적인 것의 형체를 감각하게 한다. 오랜 시력(詩歷)을 쌓아오지 않았으면 오히려 섣부른 선언으로 떨어졌을지 모른다. 그만큼 한영옥 시인의 시가 도달한 경지는 그 '기원'을 끊임없이 지연시키는 데 있다. 그것은 '자기'의 한계를 넘어서려는 다양성에 맞닿아 있다.

> 눈치만 오고 가는 자리에서였다
> 용기 내어 한 사람을 올렸다
> 말없이 반대하는 표정들이 다가왔다
> 재차 주장하며 심하게 떨었으리라
> 반대하던 이들이 온화해지는 동안

내 얼굴은 점점 붉어졌으리라

주장하려면 제대로 견뎌야 한다

수모를 견디며 나를 올리셨던 스승

겸연쩍게 회의장을 걸어나오며

굽혀 준 사람들에게 허리 굽혔다

그렇게 저물었던 하루의 노을 앞에서

굽혀 준 사람들의 마음에 경배했던 기억

하루하루가 붉게 구불거리며 흘렀다.

― 「허리를 굽혔다, 굽혀 준 사람들에게」 전문

  시인이 이루고자 하는 '기원'은 또 다른 자기가 되는 일이다. 그래서 시인은 자신을 단상 위에 올려준 스승처럼 누군가를 그 자리에 다시 올리려 하고 있다. 반대에 부딪히지만, 의지를 굽히지 않는다. 다른 시선과 마주할 때 어떤 수모를 감내해야 하는 일도 생겼으리라. 굽히지 않기 위해 주장을 하면서 "얼굴은 점점 붉어졌으리라". 그래도 시인은 "재차 주장하며" 의지를 관철하게 된다. 그리고 "굽혀 준 사람들에게 허리 굽혔다". 그이들이 시인의 의지를 받아들였기 때문이다. 납득하고, 인정했으며, 그리고 무엇보다도 시인을 알아차렸으리라. 그러한 이들에게 시인은 허리를 굽혀 "경배"하고 있다. 그렇게 "하루하루가 붉게 구불거리며 흘렀다."

또 다른 자기를 세우는 일은 결코 수월하지 않다.

  거듭나는 세계는 자기 자신을 넘어서야 마주할 수 있을 것이다. 때로는 주장해야만 한다. 자신을 한 자리에 붙들어 놓는 것이 아니라 다른 이의 자리에서 다시 이어지기를 희망하는 주장일 것이다. 스스로 자기 자리에 오르는 것이 아니라 이제 시작하는 또 다른 이를 올려놓으면서 자신과 전혀 다른 또 다른 자신의 세계가 이어질 것이다. 시인은 그렇게 '기원'을 이루어가고 있다. 오래전 스승처럼 시인 역시 그 소임을 다하려 한다. 이미 내재하고 있지만, 인식하지 못했고, 언뜻 드러나기 시작하는 시를 찾아서 자리를 마련하는 일은 시인의 기다림의 시간을 채우고 있다. 그러나 그 소신을 이루고자 하는 일은 "붉게 구불거리며" 가야 한다.

    기어가던 살얼음판으로
    부여잡아라 내밀어 주시던

    따뜻하고 단호한 환대

    품에 얼굴을 묻어 준다는 건
    얼굴을 다시 그려 준다는 거

다시 그려진 얼굴을

상상해 보곤 한다


여름밤의 은근한 시야

먼 곳까지도 서슴없어

서슴없이 따라 걷는다.

—「또렷,」 부분


  또 다른 자기, 그 얼굴은 "다시 그려 준"(「또렷,」) 얼굴일 것이다. "품에 얼굴을 묻어 준다는 건/ 얼굴을 다시 그려 준다는 거"라고 시인은 어느 여름밤의 기억을 고백한다. "따뜻하고 단호한 환대"의 말은 그 품에 상대를 품고 또 다른 변화된 존재를 탄생시킨다. 환대의 말이 따뜻하고 단호하듯이 그 순간의 경험 역시 "또렷"해진다. 그래서 아무리 "붉게 구불거리며" 가야 하는 길이라도 마다하지 않게 되는 것이다. 시인은 이러한 변화의 과정을 "은근한 시야"라고 부르고 있다. 이때 "은근하다"는 형용사는 깊고 그윽한 정취가 아니라 "꾸준하다"는 의미의 결연한 다짐이다. 그러니 "먼 곳"으로 갈 수 있는 부단한 힘이 생기게 된다.

  "함께 보아야만 보인다"(「연두 꽃에서 비롯된」, 『비천한 빠름이여』, 문학동네, 2001)고 시인은 오래전에 깨달은 바 있다. 불화와 미묘한 갈등 속에서 불완전한 인간관계가 지속되지만, 그래도 "너의 시선이 필요하게 된 것"은 지금도 유효하다. 서로 더불어 바라볼 때 보이지 않았던 것이 보이듯이 "잎겨드랑이에 제 빛깔 묻어/ 아슴푸레해진 윤곽"은 여전히 함께 보아야만 보이기 때문이다.

   시인이 "구원의 감각"이라 부르는 것은 그리 멀리 있지 않다. "밤늦어 외진 벌판 시골 정거장"에 홀로 떨고 있을 때 "어느샌가 옆자리를 채워 준/ 연인들의 따끈한 입김"(「구원의 감각」)으로 인해 낯선 불안과 두려움으로부터 벗어날 수 있었던 것처럼 일상의 구원은 가까이 있다. 유기적 관계는 어느 순간 유기적 연대에 이르게 될 것이다. 내던져진 혼자가 아닐 때 어떤 감각은 구원에 이르는 지점을 예민하게 감각한다. 유사성과 동질성보다 상호 의존적인 관계일 때 연대감이라는 구원이 완성된다. 타자의 시선에 의해 새롭게 태어나는 주체보다는 상호성의 감각으로 이어지는 세계이다. "매달리는 사람 붙잡아 주고/ 밀어주어야 할 사람 밀어주며"(「사람이 있었다」) 가는 길이다. "혼자 걷는 길이 아니었다". 그렇게 "늘 걷는 사람이 있었다". 시인은 비로소 "사람"이 있었다고 한다.

    해를 보고 짖는 개를 보았네

해를 처음 본 탓이라고 알고 있네

제 알던 범위에서 벗어난

낯선 눈부심이 두려운지

점점 맹렬하게 짖어 가네

제 알던 범위에서 훌쩍 벗어난

콸콸 끓어오르는 해를 보며

짖는 도리밖에 도리가 없나 보네

제 아는 범위의 황홀을 두르고

자홀(自惚)에 빠진 갑남을녀들을

꾸짖어 보겠다는 엉뚱함은 아닐 터

마구 짖어대다가 벌어진 입을

쉽게 다물기가 쉽지 않은 것이겠네

—「폐일(吠日)」 부분

   함께하는 "사람"은 힘겹게 그 길을 갈 수밖에 없다. 자기의 이해와 편협한 시선으로 가름하는 세상의 이치는 서로 짖어대는 좁은 세상을 이룰 뿐이다. "해를 처음 본 탓"에 "낯선 눈부심이 두려운지" "해를 보고 짖는 개"의 비유는 오랜 세월이 흘렀어도 지금 사는 세상에 정확히 들어맞는다. "제 아는 범위의 황홀"에 빠져 눈부심조차 낯선 세상에서 시인은 그 닫힌 "범위"를 넓히려고 "시퍼렇게 어둠으로 살아나 흘러내린/ 산자락"을 세상에 휘감아 놓는다.

서로 좁은 "범위" 안에서 짖어대고, 욕설이 차고 넘치는 상호성의 끈질긴 반복 속에서 시인은 궁극적으로 다른 존재로 이어지는 어떤 '기원'을 향하고 있다. 완성이라는 마지막 결말이 아니라 임의적이고 우연적인 변이 과정 속에 관여하기를 멈추지 않으며 "붉게 구불거리며" 가는 시인의 걸음 위에 또 하나의 줄기가 뻗어 나가게 될 것이다.

삶의 다양한 순간들 속에는 "아직 눈 흘기고 있는 사람"(「더 깜깜해질 때까지」)과 "영문 모르게 외면하는 얼굴들"(「더 깜깜해질 때까지」)이 있다. "혐오로 변한 만남"(「사람과 사람의 일 아니라면」)은 굳이 설명하지 않아도 일상에 얼룩져 있다. "얄팍한 술수"(「사람이 있었다」)가 끼어들면 관계는 진정성을 잃고 만다. 이러한 세계에서 어지간히 살아왔다. 갈등은 불가결한 것인지 모른다. 사회는 더욱 복잡하게 얽혀 있고, 삶의 결점과 불확실성은 수많은 불화를 초래하곤 한다. 그러나 시인은 "다 같은 사람이래도 이렇듯 다 달라,/ 이렇듯 달라서 서로 얼싸안기도 하는 거지"(「어느 날, 좋은 여름」)라는 인식에 이른다.

다르기 위해 진화해 왔으니 차이는 그 결과로서 마땅하다. 이해가 다르니 관계는 무수한 조각으로 쪼개지고 모호해진다. 차이는 급기야 차단이 되고 그렇게 언어마

저 "쓱쓱 무 잘리듯 전부 잘려 버리고"(「사과 찍는 재미」)만다. "그래도 잇대어 보려"고 한다. 처음의 말은 그 대답을 부르기 위한 것이었다. 말의 태생은 또 다른 말을 기다리는 것이었고, 그렇게 머뭇머뭇 잇대어진 말은 그 다음의 말을 다시 이끌어내기 위해 태어난다.

빌헬름 폰 훔볼트는 언어의 전체 체계가 이미 인간 안에 있다고 했다. 막스 피카르트 역시 모든 경험에 우선하는 언어의 선험성을 말한 바 있다. "언어는 인간에게 미리 주어져 있다. 인간이 말을 시작하기 이전부터 언어는 인간 속에 있었다. 그렇지 않았다면 인간은 처음부터 말을 할 수가 없었을 것이다. 인간은 자신 속에 선험적으로 내재하는 언어를 사용해서 말을 하는 것이다."(『인간과 말』) 인간의 언어는 태초에 이미 주어졌다. 인간 안에 그 언어가 내재되어 있다. 그렇다면 인간 안에는 태초의 인간이 있다. 인간에서 또 다른 인간으로 전환하는 그 과정이 인간의 '기원'이다. 그 '기원'은 무수한 입장들 속으로 걸어 들어가는 과정 속에도 스며들어 있다.

> 만나러 가고 있는 중이다
>
> 도움을 주어야 할 입장이다
>
> 걸음이 새털처럼 가볍다고 할 순 없다

어디까지 관여해야 훈훈할 것인가
화근이 될 수도 있을 것이다
받았다는 기억은 시간이 흐른 뒤
여러 가지 태도를 낳기 때문이다
한 태도 때문에 밤샘을 한 적도 있다
그래도 만나러 가고 있는 중이다
말없이 오래 안아 주는 느긋한 천성을
오래 부러워만 하며 살아왔다
입장을 바꿔 보라는 귀한 조언을
여러 번 귀하게 쓴 적이 있을 뿐
땀을 흘리며 관여한 적은 없었다
거의 다 와 가고 있는 중이다
그의 입장 속으로 입속의 사탕처럼,
혹은 눈이 녹듯 입장(入場)하려 애쓴다
걸음이 점점 빨라지고 있는 건 아니다.

― 「입장(立場) 속으로」 전문

    태도와 입장은 분명해야 하지만, 무수하게 얽힌 여러 관계망 속에서 태도와 입장은 앞뒤 없이 자리하고 계통 없이 뻗어 나가다 다른 줄기를 찾아 솟아오르거나 사라지기도 한다. "화근"이 될 수도 있는 태도는 조심스러울 수밖에 없다. 당면한 상황이 먼저일 테고, 그에 따른 태도가 결정될 것이다. 그러나 무수한 관계 속에서 "말없이 오래 안아 주는 느긋한 천성"은 학습해서 얻을 수 있는 게 아니다.

"입장을 바꿔 보라는 귀한 조언"도 한 발 떨어져 바라보는 이의 무심한 태도일 뿐, "땀을 흘리며 관여한" 이의 깊은 조언에는 못 미칠 것이다. 그러나 이제 시인은 "관여"하려고 한다. 그렇다고 "걸음이 새털처럼 가볍다고 할 순 없다". 서로 다른 입장들 사이에 들어간다는 것은 또 다른 입장이 끼어들어 갈 여지가 없을 것이다. "입장을 바꿔 보라는" 조언이 아니라 어쩌면 "말없이 오래 안아주는" 태도를 견지할 것이다. 서로 다른 입장은 바꿔서 생각할 수 없고, 대립은 끝나지 않는다. 타인을 이해한다는 것은 자기를 넘어서는 것처럼 가파르기 때문이다.

시인은 "입속의 사탕처럼/ 혹은 눈이 녹듯" 관여하고자 길을 재촉하지만, "걸음이 점점 빨라지고 있는 건 아니다." "관여"한다는 것은 그만큼 책임이 따르는 일이기 때문이다. 그래도 시인은 입장(入場)하는 걸음을 멈추지 않는다. 상대를 감싸 안는 것이야말로 뾰족한 오해와 녹슨 대립을 지연시킬 수 있으리라. 그것이 시인의 입장(立場)이다.

욕설 한번 되게

먹여 주리라 벼르던 사람이

초인종 누르고 현관문을 연다

들어서는 순간 결심을 놓쳐 버리고

'어서 와'라며 조금 반겨 버리고 말았다

가빠지던 숨을 고르다가

마침 씻고 있던 딸기 한 알

그 입안에 넣어 주고 말았다

나도 모르는 비겁한 순발력이었다

함부로 웃음을 내놓진 않았지만

제대로 역정을 내놓지도 못했다

마침 딸기를 씻던 중이어서.

— 「딸기를 먹이다」 전문

  시인에게도 예외 없이 "욕설 한번 되게/ 먹여 주리라 벼르던 사람"이 있다. 작정하고 있던 "욕설"은 그이와 마주할 때 환대의 말로 자신도 모르게 바뀌게 된다. 시인은 "비겁한 순발력"이라고 표현하지만, 자기도 모르게 나오는 실수가 그렇듯이 이 또한 무의식적인 본연의 태도일 것이다. 시인은 그 자연스러운 상황에 따라가면서 욕설을 먹여 주는 대신 "딸기를 씻던 중이어서" 딸기를 먹였다고 한다.

입장을 바꾸면 그이는 '나'이고, '나'는 그이가 된다. 입장을 바꿔 생각하는 것이 윤리라면, 입장을 바꾸지 않은 채 대립을 지연시키는 것은 본능에 가깝다. 욕망은 항상 모방적이라 했던가. 르네 지라르를 증례로 삼는다면 욕설은 또 다른 욕설을 부를 것이다. "차이와 연기는 (…) 끈질긴 상호성을 없애거나 그게 안 되면 적어도 감추어 주는 것이자, 교환의 매 순간 사이의 시공간적인 간극을 최대한 벌려서 그 상호성을 지연시킬 수 있게 해주는 모든 것이다."(르네 지라르, 『그를 통해 스캔들이 왔다』) 서로 다른 차이를 그대로 놓아두는 것, 그렇게 상호성을 연기하며 겉으로 드러내지 않는 것이야말로 끈질긴 대립과 모방적 욕망을 벗어나는 길일지 모른다.

시인은 자신의 본능에 충실하다. 대립을 지연시키고, 서로 다른 존재를 가능하게 하는 힘은 이미 본능에 있었던 것이다. 본능은 시인의 예민한 "감촉"을 깨우고 "나도 모르는" 사이에 현현하고 있다. 그래도 시인은 위트를 잊지 않는다. 욕설을 먹이듯, 감자를 먹이듯, 딸기를 먹이는 통쾌함이 시의 여백에 충만하기 때문이다. "욕설"을 궁리하는 자와 "딸기"를 씻는 이 중에 과연 어느 쪽이 아름다울 것인가.

이 시는 암호화와 해독의 과정으로 구성되어 있다. 무조건적인 환대는 불가능하다. 매우 예외적인 것으로

이 세계를 설득할 수는 없다. ""욕설 한번 되게/ 먹여 주리라"는 "결심"은 "'어서 와'라며" 바로 암호화의 휘장을 두르기 시작한다. "딸기 한 알/ 그 입안에 넣어 주고"「딸기를 먹이다」라는 제목을 달아 놓으면서 암호화 과정은 충실하게 이루어진다. 그 결과가 한 편의 시를 이룬다. 시가 암호화 되었다면 시 읽기는 해독의 단계라 할 수 있다. 시인의 암호화 방식은 대체법을 사용한다. "욕설"을 대체한 것은 "딸기"가 된다. "웃음"과 "역정" 모두 드러내지 않으면서 "결심"을 행할 수 있는 것은 시인의 암호화된 문법 때문이다.

  비겁한 행동이라며 자책하지만, 관계를 재구성하고 감정을 다듬는 긍정적 해독 과정이라 할 수 있다. "결심"이 변질되거나 왜곡되지 않고, 원래의 "결심"이 복원되었기 때문이다. "결심"과 다르게 맞아들이는 것 자체가 비겁할 수 있겠지만, "결심"을 암호화해서 실행하는 방식을 비겁하다고 겸손하게 낮추어 부를 수도 있을 것이다. "욕설"과 "딸기"는 등가의 수준으로 대체된 것은 아니다. 대체된 암호를 복호화했을 때 완전히 다른 차원의 의미가 생성되기 때문이다. "딸기"를 먹인 것은 한 차원 높은 단계의 상징적인 환대 방식이다. 시인의 대체법은 관계에 대한 대처법이기도 하다.

생각할수록 무거워지고 있었다

불쾌를 감당하며 꽤 헤매다가

야간 식당에 들어가 간신히 주저앉혔다


늦은 시간인데 따끈한 밥이 나왔다

두어 수저 밥이 남아 가는데

반찬들이 먼저 비워졌다


조용히 접시를 바꿔 주는 식당 사람

짭짤한 깍두기를 거의 입에 넣고서

천천히 문을 닫았다, 감사합니다


불쾌와 깍두기를 바꿔 먹은 날

손해 본 것 굳이 없는 그저 그런 날

승객들 틈에서 온기를 모으며 귀가했다


짜게 먹을 이유 굳이 없었던 날.

— 「이유 없던 날」 전문


    대상을 향한 대체법과 달리 시인 자신이 받아들이는 방식에서도 이 대체법은 제 역할을 하고 있다. 마음이 무거워질 정도의 "불쾌"한 일은 야간 식당에서 "깍두기"를 맛있게 먹는 것으로 보상된다. 그간 무슨 일인지 단절되었던 사람으로부터 "우물쭈물 애매한 빛깔의 사과"(「사과 찍는 재미」)를 받고서 그 사람이 잘못을 인정하고 있다는 의미로 받아들이는 것도 마찬가지다. "사과다운 사과/ 제대로 받진 못했지만/ 고개 숙이며 걷고 있더라는 말 들은 걸로."(「옻나무가 무서웠는데」) 사과를 대신하는 것도 그렇다. 잘 헤아려 너그러이 용서하려는 이해와 공감이 있었기에 가능했으리라. 정면으로 마주하는 것이 아니라 사태를 지연시키는 또 다른 방식이다. 한영옥 시인의 은유와 알레고리의 수사법은 종종 대결을 빗겨 가면서 화해와 성찰의 여백으로 이어진다. 때로는 불화(不和) 자체를 무화(無化)시키기도 한다.

    죄송한 마음이라며
    단감이 왔다

    (…)

    맺힌 응어리에 즙(汁)이 돌며
    고마워서 붉어졌다

    단감 한 알 집으려는데

그냥 훅 없어진다

　몹시 바라고 있었던 거

　　단감은 오지 않았다.
　　　　　　　―「단감은 오지 않았다」 부분

　"단감"은 "죄송한 마음"을 대신한다. 잘못을 인정하고 용서를 비는 이의 마음을 받아들일 때 "맺힌 응어리에 즙(汁)이 돌며" 눈시울이 붉어진다. 이제 맺힌 것이 다 풀렸다. 생기마저 돌고 고맙기까지 하다. 그런데 그 "단감 한 알 집으려는데/ 그냥 훅 없어진다". 결국 "단감은 오지 않았다." 다시 마지막 부분을 읽어 보면, "몹시 바라고 있었던 거// 단감은 오지 않았다." "단감"이 상징하는 어떤 죄송한 일이 용서받지 못한 것이 아니라 "단감"을 받아야 할 일 자체가 없었던 일이 된 것이다. 그것이야말로 진정 바라던 일이다. 화해가 이루어졌으니 이제 단감은 없어도 된다. 그러니 처음부터 "단감은 오지 않았다." 그렇다고 실제로 받은 단감이 없어진다는 것은 현실을 넘어서는 상상의 편으로 흘러간다. 납득할 수 있는 상상은 "단감"의 실체가 무엇인지 떠올려 보는 일일 것이다. "죄송한 마음"을 대신한 "단감"과

없어진 "단감"은 서로 다르다. 사전에 등재된 말은 아니지만, 오지 않은 "단감"은 단절(斷絶)된 감정(感情)을 환기한다. 그렇다면 화해가 되고 정리된 자리에 "단감"이 오지 않은 것은 당연하다. 이미 불화(不和)는 무화(無化)되었기 때문이다.

 그래도 어디선가 무슨 일에든 관계의 문제는 늘 불거진다. 시인은 이제 "불같은/ 불화가 남았으나/ 나쁘지 않다"(「불화(不和)」)고 한다. "잘 돌보면 되는 거/ 맞잡고 불화를/ 잘 키워 내면 되는 거."라고 한다. "너를 꾸준히 만나야 하는 이유"(「몸을 휘저으며」)가 있기 때문이다. "균형"을 느끼기 때문이다. "네 생각이 옳을지도 모른다"는 생각에 이르렀기 때문이다. 자기 성찰은 타자의 시선을 감각할 때 더욱 깊어지리라. 그래서 한영옥 시인은 오랜 시력을 거치면서 그 고요한 생명의 숨결과 더욱 마주하기를 그치지 않는다. 시인의 잔잔한 시편들이 때로는 비수처럼 예리하게 꽂히는 것은 부드러운 인식의 전환과 도저한 삶의 통찰력이 어떤 미학(美學)을 이루어 내는 지점에 이르러 있어서 가능하다. 그 향유하는 감각을 느끼는 것은 오로지 한영옥 시인의 시를 "은근하게" 마주한 이들의 몫이 될 것이다. 시의 '기원'은 그 자리에 있기 때문이다.

청색지시선 9

# 허리를 굽혔다, 굽혀 준 사람들에게
한영옥 시집

**초판 1쇄 발행 2024년 12월 5일**

| | |
|---|---|
| 지은이 | 한영옥 |
| 펴낸곳 | 청색종이 |
| 펴낸이 | 김태형 |
| 인쇄 | 범선문화인쇄 |
| 등록 | 2015년 4월 23일 제374-2015-000043호 |
| 주소 | 서울시 영등포구 문래동2가 14-15 |
| 전화 | 010-4327-3810 |
| 팩스 | 02-6280-5813 |
| 이메일 | bluepaperk@gmail.com |
| 홈페이지 | bluepaperk.com |

ⓒ 한영옥, 2024

ISBN 979-11-93509-11-1  03810

이 도서는 저작권법에 따라 보호받는 저작물이므로 저작권자와 출판사의 허락을 받아야 복제하거나 다른 용도로 사용할 수 있습니다.

값 12,000원